SAUERLÄNDER

Cornelia Funke
Mehrdad Zaeri

Ein Engel *in der* Nacht

SAUERLÄNDER

Da! Hört ihr das?
Ein Flüstern von Flügeln in der Stille der Nacht.

Sie kommen.

Mit Federn so weiß wie Schnee und Gesichtern aus Mondlicht.

Engel.

Sie kommen, um die Albträume zu jagen, die die Dunkelheit gebiert, und um das Licht der Sterne zu ernten. Sie streuen es auf Dächer und Betten und schlummernde Augen und füllen die Nacht mit Musik …
Aber da! Wer ist das?
Er flattert vom Himmel wie ein junger Vogel. Seine Flügel sind kaum größer als die einer Taube.
Oh, nun ist er beleidigt.

Er sagt, er ist keineswegs sehr jung. Sein Name ist Rahmiel, und er ist fast zweitausend Jahre alt. Er ist der Engel von Liebe und Mitgefühl. Oh, wie sehr Rahmiel die Welt der Menschen und Tiere liebt!

Die Nacht ist wie schwarzer Samt unter seinen Flügeln, und er hört Tausende im Schlaf von ihren Träumen flüstern. So viele Herzen schlagen unter den Bäumen in den Häusern, zwischen den Hügeln und in dem Wasser, das silbern vom Sternenlicht ist. So viel Leben! Fisch, Vogel, Hase. Fuchs, Maus und Motte. Rahmiel greift nach ihnen mit Fingern aus Licht. Er liebkost Fell und Schuppen, Federn und

Rinde. Oh, Leben! Er lacht. Es ist wie ein Tanz in der Nacht.
Aber was ist das für ein Geräusch?
So traurig. So einsam. So viel Traurigkeit!

Rahmiel hat gehört, dass Liebe Menschen das antun kann. Aber er hat es nie zuvor gesehen. Er versteckt sich im Mondlicht und blickt hinab auf das Mädchen, das da ganz allein am Rand eines Teiches kniet. Sie ist jung und schön, aber ihr Herz ist in tausend Stücke zerbrochen. Engel können so etwas sehen. Ihr Name ist Luna. Rahmiel sieht auch das. Engel sehen alles – manchmal kann das sehr anstrengend sein, vor allem wenn es um Menschen geht.

Menschen sind so viel komplizierter als Fische oder Vögel.

Ihr Haar hat die Farbe der Nacht. Ihr Gesicht ist so blass wie der Mond.
Rahmiel streut ihr etwas Sternenlicht auf die Schultern – und lächelt ihr zu, als sie zu ihm aufblickt. Ein Engelslächeln ist heller als tausend Sterne.
Lunas Augen weiten sich. Aha. Sie sieht ihn. Nicht jeder Mensch tut das.
»Wer bist du?«, flüstert sie.

Das ist keine sehr kluge Frage.

Aber vielleicht ist sie eine von denen, die behaupten, sie glauben nicht an Engel. Rahmiel spreizt die Flügel etwas weiter, um alle Zweifel aus dem Weg zu räumen, und Luna spürt die Traurigkeit in ihrem Herzen schmelzen, wie Butter in der Sonne. Rahmiel füllt die Nacht mit Lachen und Liedern und Regenbogen aus Sternenlicht.

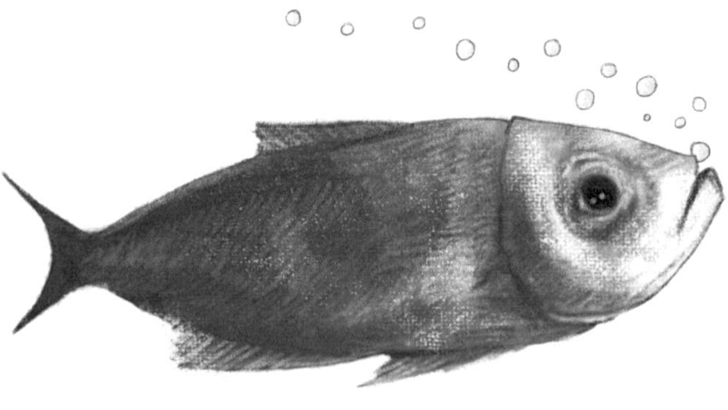

Aber Lunas Herz ist immer noch in Scherben. Und die Traurigkeit kommt zurück – wie ein Schatten, der auf ihr blasses Gesicht fällt.
»Lass mich allein«, sagt sie. »Ich danke dir vielmals, aber du vergeudest deine Zeit. Ich bin sicher, es gibt andere, die deine Hilfe brauchen.«
Und dann fängt sie wieder an zu weinen.

Oh, nein! Rahmiel wischt ihr die Tränen von den Wangen, aber es sind zu viele. Sie machen sogar seine warmen Finger kalt und nass.

Oh, das ist zu viel Schmerz.
Sogar für einen Engel.

Es sieht so aus, als ob sie etwas Zauberei benötigen. So weiß wie seine Federn und so alt wie die Erde, auf der das Mädchen kniet. Rahmiel blickt zu den dunklen Bergen, die in der Ferne in den Himmel ragen. Er kennt jemanden, der dieses gebrochene Herz vielleicht so mühelos ganz machen kann wie einen zerbrochenen Becher.
Sie ist etwas mürrisch und sicher kein Engel. Aber sie weiß mehr über Menschenherzen als er. Und wesentlich mehr über liebeskranke Mädchen und Tränen und all das.
Aber es ist ein weiter Weg.

Luna sieht nicht sehr kräftig aus nach all dem Seufzen und Weinen.
»Du solltest schlafen«, sagt Rahmiel. Er sagt es mit seiner besten Engelsbefehlsstimme.
Aber Luna ignoriert ihn. Sie starrt in den dunklen Teich, als wollte sie sich im nächsten Moment darin ertränken. Oh, das wird schwierig werden.

Also ruft Rahmiel die anderen. Alle Engel der Nacht. Sie hüllen Luna in ihr Licht, und Rahmiel baut ihr ein Nest aus seinen Federn, weil das Gras nass vom Tau ist.
»Ist das ein Traum?«, flüstert Luna. »Falls ja, ist es ein guter. Und in den Teich stürzen kann ich mich ja auch noch morgen.«
Dann schließt sie ihre Augen.
Und die Engel füllen die Nacht erneut mit Musik.

Die Hexe, die gebrochene Herzen so mühelos heilt wie gebrochene Knochen, lebt in einem Haus aus Rabenfedern. Sie sitzt auf dem Dach in der Gestalt einer Elster, als Rahmiel an ihre Tür klopft.
»Wer stört mich?«, krächzt sie.
Dann sieht sie den Engel.

»Na gut, ich komme«, sagt sie und verwandelt sich in eine sehr, sehr schwarze Katze. »Wer kann schon nein zu einem Engel sagen? Selbst wenn es so ein junger Dummkopf ist.«

Die Hexe sieht in Menschengestalt nicht viel älter als Luna aus. Aber ihr Haar ist weißer als Rahmiels Flügel.
»Hm!«, sagt sie und presst ihre Hand gegen Lunas Brust. »Dieses Herz wird nicht leicht heilen. Das war eine Menge Liebe. Dafür weiß ich nur eine Medizin.«

Sie streicht über die Rabenfedern, die ihr Haus wie ein Umhang einhüllen, und aus der Wand tritt ein riesiger gefiederter Mann.

Seine Nase ist schwarz und schnabelkrumm, und seine Augen sind Teiche aus Traurigkeit. Luna sucht Schutz unter den Flügeln des Engels, und selbst Rahmiel muss sich mit all seinem Licht umgeben. Das Gesicht des riesigen Mannes spricht von so viel Verlorenem, und es weiß so viel über die Nachtseite der Welt.

Der Engel kann sein Herz hören.
Es summt ein trauriges Lied

»Meisterin«, sagt der Rabenmann und verbeugt sich vor der Hexe. »Was kann ich für Euch tun?«
»Nimm die Jahre von ihr!«, sagt die Hexe. »Mach ihr Herz wieder jung, damit es heilen kann.«
Der Rabenmann mustert Luna. Dann sieht er den Engel an.
»Ich verlange dafür ein Geschenk«, sagt er. »Ich will eine deiner Federn.«
Das ist nicht zu schlimm. Rahmiel zupft sich eine aus dem linken Flügel. So weiß. So voller Licht.
Der Rabenmann lächelt, als er seine Hand darum schließt. Dann schlingt er seine gefiederten Arme um Luna, und als er sie loslässt, ist sie wieder ein Kind.

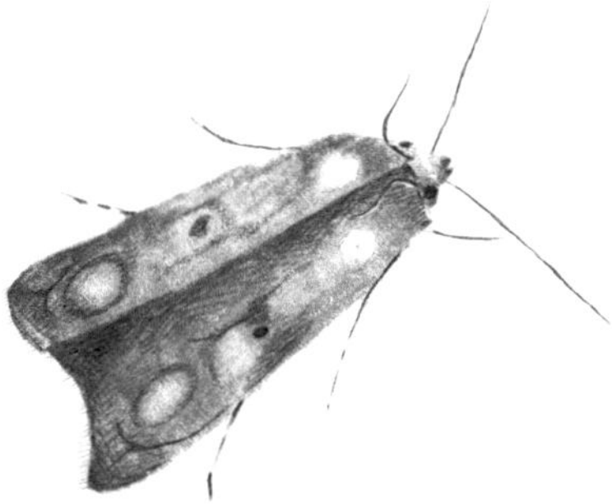

»Das wird dir helfen, dich an dich selbst zu erinnern«, sagt die Hexe. »Wenn wir sehr jung sind, wissen wir am besten, wer wir sind.«
Dann wendet sie sich an den Engel.
»Bring sie nach Osten, Norden und Westen. Lass sie ihr alle ein Wiegenlied singen, und wenn sie sich im Süden schlafen legt, wird ihr Herz wieder ganz sein.«
Luna blickt auf ihre Hände. So kleine Hände hatte sie seit vielen Jahren nicht gehabt.
»Wollen wir fliegen?«, fragt Rahmiel sie.
»Ja«, antwortet Luna mit einem Lächeln. »Ich glaube, das wird gehen. Ich fühle mich so leicht, als wär ich eine deiner Federn.«

Der Osten trägt ein Kleid aus Blättern und ist so schlank wie eine Birke. Ihr Wiegenlied ist das Lied des Windes.
Es erinnert Luna ans Tanzen mit bloßen Füßen im nassen Gras.
An die Arme ihrer Mutter.
Das Licht der Sonne.
Den Duft von Blumen.
Und an das Gefühl, jung zu sein, so jung.

Sie schläft ein, den Engel über ihr, und die Musik wie Tau auf ihrer Haut, und als sie aufwacht, nimmt Rahmiel ihre Hand, und sie wenden sich nach Norden.

Oh, Norden!
Sie ist wildes Wasser und welkende Blätter und Kälte, die sogar Rahmiel frösteln lässt. Aber ihr Wiegenlied lässt Luna vergessen, und das Lied des Wassers wäscht die letzten Spuren von Schmerz fort, die sich noch in den Rissen ihres Herzens verbargen. Ihr Haar ist weiß vom Raureif, als sie aufwacht, und Rahmiel wärmt sie mit seinen Flügeln.

Dann treiben sie nach Westen auf Flüssen aus Mondlicht, unter sich den dunklen Körper der Erde. Der Westen wird sein Lied singen.

Der Westen ist noch größer als der Rabenmann.
Er ist der Geist der Erde. Sein Wiegenlied macht Lunas Herz so stark und fest wie eine Trommel, und sie schläft ein in seiner Hand.

Rahmiel lächelt. Selbst für einen Engel ist es ein sehr glückliches Lächeln. Er sieht, dass das Herz des Mädchens fast wieder heil ist.
Es hat gelernt, sich zu erinnern.
Es hat gelernt, zu vergessen und stark zu sein.
Nun muss es sich nur noch trauen, wieder zu lieben, und dafür gibt es keinen besseren Lehrer als den Süden.
Sie müssen nur dem Duft der Blumen folgen.

Wenn der Süden sein Wiegenlied singt, durchsetzt er die Nacht mit Blüten. Sie verwandeln sich am Himmel in Sterne und ertränken die Erde in Rosen. Und das Herz des Mädchens ist wieder ganz.

Sie lächelt im Schlaf, während sie sich wieder in das schöne Mädchen verwandelt, das Rahmiel weinend am Ufer des Teichs hat knien sehen.
Der Engel spürt ihr Lächeln auf seinem Gesicht und in seinem Herzen.

Es ist die letzte Stunde der Nacht.
Es war eine lange Nacht.
Eine sehr lange Nacht.
Sogar für einen Engel.

Ein paar Worte und eine Zeichnung von unerwarteter Seite

Liebe Leserin, lieber Leser,

diese letzte Seite möchte ich für einen persönlichen Gruß an Dich und eine kleine Anekdote nutzen. Und ich bin sehr froh und dankbar, dass Cornelia sich bereit erklärte, dafür eine Zeichnung zu machen.

Als ich die Geschichte »Ein Engel in der Nacht« zum ersten Mal las, schweiften meine Erinnerungen und Gedanken unverzüglich in eine Welt, die in Zeit und Raum fern von dem Hier und Jetzt liegt. Ich muss ca. dreizehn Jahre alt gewesen sein. Mein Land hatte eine blutige Revolution erlebt und war anschließend in die Fänge einer brutalen Diktatur mit gnadenlosen Herrschern geraten. Herrscher, die mir, meiner Familie und allen Menschen, die ich kannte, das Recht auf Glück und Freude nahmen. Das Leben schien mir sinn- und hoffnungslos.

Ich erinnere mich gut an den dreizehnjährigen, verzweifelten Mehrdad auf seinem Fahrrad, auf dem Weg von der Schule nach Hause. Es war ein heißer Sommernachmittag, ein Lastwagen mit einer Ladung großer Wassermelonen raste an mir vorbei, und meine Ohren waren betäubt vom lauten Zirpen der Grillen der Straße. In dem Moment spürte ich einen intensiven, überwältigenden Wunsch, am Ende meines Lebens angekommen zu sein.

Doch die Entscheidung dieses Nachmittags, weiterzuleben, bestimmte mein restliches Leben. Danach erlebte ich einen Putsch, einen Krieg, eine Flucht und nach der Flucht beinahe eine Abschiebung zurück in die Hände der dunklen Herrscher. Ich erlebte aber auch die Liebe, das Ankommen in einer neuen Heimat, das aufregende Leben eines Zeichners und den Rausch erzählter Geschichten.

Seitdem befinde ich mich auf einer Reise. Eine Reise nach Nord, Süd, Ost und West des Lebens. Ich bin froh, dass ich damals, mit dreizehn, neben einem Berg Melonen, mit Grillengesang in den Ohren, nicht am Ende meiner Tage angekommen war. Denn jetzt, da ich schon hier bin, in einer Welt, in die man hineingeworfen wird, ohne gefragt zu werden, versuche ich das Beste daraus zu machen!

Und es fühlt sich gut an,
Mehrdad Zaeri

MZ
CF

Weitere Informationen zum Kinder- und Jugendbuchprogramm der S. Fischer Verlage finden Sie unter www.fischerverlage.de

Aus Verantwortung für die Umwelt hat sich der Fischer Kinder- und Jugendbuch Verlag zu einer nachhaltigen Buchproduktion verpflichtet. Der bewusste Umgang mit unseren Ressourcen, der Schutz unseres Klimas und der Natur gehören zu unseren obersten Unternehmenszielen.

Gemeinsam mit unseren Partnern und Lieferanten setzen wir uns für eine klimaneutrale Buchproduktion ein, die den Erwerb von Klimazertifikaten zur Kompensation des CO_2-Ausstoßes einschließt.

Weitere Informationen finden Sie unter: www.klimaneutralerverlag.de

FSC
www.fsc.org
MIX
Papier | Fördert gute Waldnutzung
FSC® C083411

Erschienen bei FISCHER Sauerländer

Zeichnung auf S. 47: Cornelia Funke
Umschlaggestaltung: Maria Seidel, atelier-seidel.de
unter Verwendung einer Illustration von Mehrdad Zaeri
Satz: Dahlhaus & Blommel Media Design, Vreden
Druck und Bindung: CPI books GmbH, Leck
Printed in Germany
ISBN 978-3-7373-5905-4